IL EST TEMPS ENCORE

PARIS

IMPRIMERIE DE L. TINTERLIN ET Cᵉ,
3 RUE NEUVE-DES-BONS-ENFANTS.

IL EST TEMPS ENCORE

PARIS

E. DENTU, LIBRAIRE-ÉDITEUR

PALAIS-ROYAL, 13, GALERIE D'ORLÉANS

—

1861

IL EST TEMPS ENCORE

Il serait superflu et véritablement puéril aujourd'hui de parler des difficultés de la situation actuelle et de s'étendre sur les complications qui, depuis quelques mois, sont venues l'aggraver de jour en jour, au point qu'il n'est plus permis aux esprits les plus sérieux et les plus éclairés, lors même qu'ils ne sont pas troublés par la passion et le parti pris, de la juger sainement et d'en prévoir l'issue. La crise que nous traversons n'est pas de celles qui ne préoccupent qu'une certaine classe d'hommes, et dont le plus grand nombre, n'ayant pas d'intérêts personnels qui y soient engagés, ne cherche pas à approfondir les antécédents et les conséquences probables ; elle n'est pas non plus de celles dont le dénouement peut être reculé indéfiniment, et par cela même perdre aux yeux de beaucoup de personnes le caractère effrayant que lui donne l'état actuel des choses ; les optimistes les plus décidés ne peuvent oublier combien est proche l'heure fixée par Garibaldi pour l'attaque de la Vénétie et les projets hautement proclamés par les partisans de l'unité Italienne. Ils ne peuvent méconnaître la signification et la portée des actes du gouvernement piémontais, les armements, les levées en masse, les achats de matériel, les approvisionnements, toutes choses qui ne laissent plus de doute sur la résolution prise par Victor-Emmanuel de soutenir Garibaldi, non plus cette fois en secret, et par des moyens qui, s'ils ont pu réussir en Sicile, auraient sans doute peu de chances de succès vis-à-vis d'un grand empire et d'une armée comme l'armée autrichienne, mais ouvertement, et avec toutes les ressources militaires dont il pourra disposer. D'un autre côté, l'attitude de François-Joseph, le choix du général placé par lui à la tête de la Vénétie, les renforts envoyés aux places du quadrilatère, les travaux de fortification poussés avec une activité extrême sur les bords de l'Adriatique, tout démontre que, si les uns sont prêts pour l'attaque, les autres le sont pour la défense ; la lutte est imminente ; elle doit être formidable, et une fois engagée, nul ne saurait prévoir où et quand il sera possible de l'arrêter.

Aussi ne doit-on pas être étonné de la faveur qui accueille si généralement la pensée nouvelle et assurément fort inattendue il y a quelques semaines, du rachat de la Vénétie ; cette solution rallie naturellement tous ceux qui, soit par système et par esprit d'humanité, soit par la crainte de voir la guerre compromettre leurs intérêts ou ceux de leur pays, désirent par dessus tout une solution pacifique des difficultés inextricables de la situation. Elle ne peut manquer de plaire beaucoup à ceux qui, dans une lutte entre deux partis, entre deux principes, n'aiment pas à se prononcer, et qui, de bonne ou de mauvaise foi, trouvent là un excellent moyen d'attendre les événements et de réserver leur opinion jusqu'au moment où ils auront pris un caractère plus décisif. — On vendra la Vénétie ; cela dispense de se demander s'il faudra prendre part à la lutte et de quel côté il faudra se ranger ; cela doit convenir admirablement aux politiques prudents qui ne prêtent leur appui qu'à une cause forte et déjà triomphante ; — aux esprits honnêtes, mais indécis qui ne savent pas au juste où se trouvent le droit, la vérité ; enfin aux indifférents, et si j'ose me servir de cette expression, aux paresseux, qui ne veulent pas se donner la peine de sonder leur conscience et de se faire une opinion personnelle et raisonnée ; à ces philosophes dont la devise est : Laissons aller les choses ; il sera temps d'y penser quand viendra le moment d'agir ; à quoi bon s'effrayer d'un orage qui est loin encore et qui, peut-être, n'éclatera jamais ?

Aussi est-ce avec raison que les journaux peuvent dire : « L'idée de la cession de la Vénétie fait son chemin dans « le monde : partout elle est accueillie avec une extrême « faveur. » Eh ! sans doute ; cela s'explique tout naturellement, et d'ailleurs, il faut le reconnaître, l'auteur de la célèbre brochure a développé sa pensée et a su la présenter avec une supériorité de talent qui devait rallier bien des lecteurs à son opinion ; la logique et la clarté de ses raisonnements, l'esprit de modération et d'impartialité dont il s'efforce de faire preuve, l'éloquence de son style, lorsqu'il trace, d'un côté, le tableau de la prospérité que donnerait au monde la paix assurée par le rachat de la Vénétie ; de l'autre, celui de la désolation dans laquelle nous plongerait une guerre dont on ne peut prévoir la durée et les conséquences, devaient exercer une influence considérable sur les esprits.

Personne assurément ne songe à contester que cette solution, si elle était possible et acceptable, ne fût la meilleure et la plus heureuse que l'on puisse imaginer. Ce n'est pas là le point que je veux discuter. Sans aucun doute, il serait avantageux pour l'Italie d'éviter, moyennant une somme d'argent, que les revenus du pays et la prospérité dont il jouirait lui feraient recouvrer au centuple, une guerre dont les résultats sont incertains, une guerre dans laquelle elle peut compromettre les succès de 1859 et de 1860, et remettre son avenir en question. — Il serait avantageux pour les puissances qui protègent le développement de la nationalité italienne de voir se terminer, sans avoir recours aux armes, une question qui peut leur imposer des sacrifices considérables et les entraîner dans de graves dangers ; — il serait avantageux pour celles qui ont laissé s'accomplir les événements des dernières années, sans prendre une attitude formellement favorable ou formellement hostile à l'Italie, de n'avoir pas encore à se prononcer, et de ne rompre ni avec l'Autriche ni avec le nouveau royaume Italien;—il serait même avantageux pour l'Autriche de renoncer à un pays dont la possession entraîne pour son gouvernement des charges énormes; qui met sans cesse en péril la paix extérieure, et avec lequel la tranquillité de l'Empire ne peut être maintenue qu'au prix des sacrifices les plus onéreux; l'Autriche n'aurait qu'à gagner à une transaction qui l'enrichirait en même temps qu'elle la mettrait à l'abri de dangers incessants.

Malheureusement, il y a un point d'honneur qui parle quelquefois plus haut que les intérêts les plus réels et les plus clairement démontrés; ce qui est avantageux n'est pas toujours honorable; et parfois, par respect pour sa propre dignité et pour celle de sa couronne, un prince comme un simple particulier, doit mettre au-dessus des intérêts matériels de son pays le soin de l'honneur de la nation qui lui est confiée. En politique, comme dans la vie des individus, le point d'honneur a ses exagérations; en saine logique, un souverain qui a le choix entre deux lignes de conduite, dont l'une enrichirait son pays et lui permettrait de consacrer au développement du bien-être de ses sujets des ressources inespérées, de remédier à un mal déjà ancien et chaque jour plus menaçant, tandis que l'autre peut le conduire, à travers les champs de bataille et les calamités de la guerre, à quelque catastrophe terrible, — ne saurait hésiter. Il n'hésiterait pas si son honneur, qui est celui de son peuple, n'était mis en question; s'il en est autrement, s'il peut penser que sa dignité soit engagée, quels que soient, d'un côté les dangers, de l'autre les avantages, il marchera résolûment, fort de sa conscience et de l'approbation de son peuple, certain de conquérir l'estime de ceux-là même qui l'engageaient à suivre les conseils de la prudence.

Est-ce à dire que je sois un adversaire de la solution proposée et dont tout à l'heure je reconnaissais les avantages si considérables et si généraux? Non certes, et si, par une combinaison quelconque, il était possible de modifier les conditions et la forme des propositions faites à l'Autriche de manière à les rendre acceptables, si même l'empereur François-Joseph, qui seul peut juger ce que sa conscience et son honneur lui ordonnent de faire, se résignait, pour préserver son pays des calamités de la guerre, au sacrifice qui lui est demandé, aucune voix, à coup sûr, ne s'élèverait contre une pareille résolution : mais la question est loin d'être aussi avancée. Peut-on bien consciencieusement admettre le rapprochement par lequel, pour démontrer que la cession d'une province ne serait pas un fait nouveau dans l'histoire, on a voulu assimiler le rachat de la Vénétie à la cession de la Louisiane faite en 1803 par Napoléon Ier aux États-Unis, ou à l'abandon de la Belgique consenti en 1832 par le roi des Pays-Bas (1)?

C'est en 1802 seulement que la Louisiane qui, depuis 1764 avait cessé d'appartenir à la France, lui fut rendue par l'Espagne, en vertu d'un traité : Napoléon, jugeant sans doute les avantages qu'il pourrait retirer de la possession de cette colonie éloignée, peu en rapport avec les embarras et les charges qu'elle devait imposer à la France, la céda aux États-Unis un an après l'avoir reçue de l'Espagne. Il est impossible de se méprendre sur le caractère de cet acte auquel il se détermina parce qu'il crut de son intérêt de le faire, et que personne assurément ne songeait à lui imposer : la France de 1803, qui venait d'étonner le monde par ses victoires et qui allait fonder l'Empire, pouvait accepter une transaction qu'elle eût repoussée au lendemain d'une défaite, si on la lui avait proposée

(1) Brochure *l'Empereur François-Joseph devant l'Europe.*

avec menace et comme une nécessité à laquelle il lui était impossible de se soustraire.

Quant au roi des Pays-Bas, il avait perdu la Belgique, lorsque le Congrès de Londres décida que cette province, qui s'était affranchie elle-même de la souveraineté de la maison d'Orange, formerait un État séparé et indépendant, il ne fit que se soumettre au fait accompli, reconnu par les puissances réunies au Congrès : encore ne le fit-il qu'à contre-cœur, et non sans avoir lutté, même contre la décision et l'accord des grandes puissances. Le roi Guillaume ne vendit pas la Belgique ; il l'avait perdue par le fait d'une révolution accomplie dans le pays même, et sans la participation de l'étranger, et, quand l'impossibilité de la recouvrer lui fut bien démontrée, il se résigna à reconnaître la séparation : la Belgique se chargea alors d'une part proportionnelle de la dette du royaume des Pays-Bas, ce qui était de toute justice, et ce qui a eu lieu pour la Lombardie en 1859 ; cela ne peut pas constituer un marché, et la situation de l'empereur François-Joseph ne saurait être assimilée à celle du roi Guillaume en 1832, de même que les conditions dans lesquelles il se trouve diffèrent essentiellement de celles dans lesquelles Napoléon consentit à céder la Louisiane.

Et, lorsque j'exprime cette opinion, lorsque j'insiste sur des considérations de cette nature, je ne prétends pas, encore une fois, m'élever contre une solution que je proclame désirable à tous égards ; mais, plus je comprends que cette solution doit répondre au vœu général, plus je vois que les espérances qu'elle a fait naître suffisent pour rassurer les plus alarmés, comme s'il ne s'agissait déjà que de ratifier une convention qu'il n'a pas même encore été question de discuter, plus je crois nécessaire de prémunir les esprits contre des illusions dangereuses ; plus il me semble honnête et loyal de replacer la question sur son véritable terrain et d'exprimer sa pensé tout entière. Oui ; le rachat de la Vénétie ferait disparaître la cause la plus menaçante du danger que redoute l'Europe ; il aplanirait une des difficultés les plus sérieuses du présent et de l'avenir. — Oublions pour un instant qu'il ne donne en aucune façon le moyen de résoudre la question romaine, question grave et délicate qu'il faudra bien aborder, mais à laquelle la célèbre brochure ne touche pas, même de loin ; — Supposons que tout est fini pour le royaume de Naples, et qu'il ne reste rien de la résistance de Gaëte et de l'insurrection des Abruzzes ; — fermons l'oreille aux menaces des imprudents qui, au moment même où ils accusent l'obstination et l'entêtement de l'Autriche, parce qu'elle ne cède pas à la première sommation, ne craignent pas de faire prévoir comme une conséquence naturelle de l'annexion de la Vénétie, la séparation prochaine du Tyrol et de Trieste, qui, disent-ils, aspirent à grands cris à la nationalité italienne ; Oublions tout cela, et admettons que l'empereur François-Joseph n'a qu'à donner son consentement aux propositions qui lui sont faites pour assurer à l'Europe une paix inviolable, il faut bien admettre aussi l'hypothèse d'un refus de sa part, hypothèse qui, malheureusement, n'est rien moins qu'une invraisemblance ; il est temps, ce me semble, de raisonner sur cette possibilité, et de se demander, dans le cas où la cession de la Vénétie rencontrerait des obstacles insurmontables, ce que nous aurions à faire, quel serait notre devoir, quelle serait notre conduite. Agir autrement, ne serait-ce pas ressembler aux enfants qui se bouchent les oreilles pour ne pas entendre le tonnerre, ou à l'autruche qui cache sa tête sous son aile pour ne pas se trouver en face du danger, et s'imagine qu'il est passé parce qu'elle ne le voit plus ?

Garibaldi et Victor-Emmanuel vont attaquer l'Autriche ; marcherons-nous avec les Italiens, ou les laisserons-nous

affronter seuls une armée plus nombreuse et mieux organi-
sée que la leur, une armée qui n'aspire qu'à venger ses
échecs récents, et à prendre une revanche éclatante des
revers qu'elle a subis il y a deux ans ? La France et l'Empereur sont-ils vraiment enfermés dans ce terrible dilemme ?
L'Empereur n'a-t-il le choix qu'entre ces deux partis, ou
de suivre une politique qui n'est pas la sienne, une politique dont il a condamné les entraînements et les impru-
dences, ou de laisser détruire par ceux-là mêmes qu'il a
vaincus, les résultats de sa glorieuse campagne de 1859, et
d'encourir ainsi, aux yeux de son peuple et devant la
postérité, le reproche d'avoir fait une guerre inutile, et
d'avoir sacrifié en pure perte le sang et les trésors de la
France ?

Pour bien comprendre notre situation vis-à-vis de l'Italie et vis-à-vis de l'Europe, pour nous rendre un compte
bien exact de nos engagements envers l'une et de nos obli-
gations envers l'autre, pour savoir jusqu'à quel point nous
devons accepter la solidarité des faits qui ont amené les
choses au point où elles sont arrivées, il faut jeter un coup
d'œil rétrospectif sur les événements des dernières années,
il faut s'affranchir de toutes les influences, se mettre en
garde contre les exagérations du parti-pris, pour examiner
la politique suivie par le souverain de notre pays, depuis
l'origine de la question italienne jusqu'à la phase à laquelle
elle est arrivée aujourd'hui ; il faut chercher dans cet examen consciencieux les devoirs que nous impose notre passé,
les droits qu'il nous donne pour l'avenir.

Le spectacle que présentait l'Italie, il y a quelques années, est encore présent à tous les souvenirs : l'Autriche, à
laquelle les traités de 1815 avaient donné le royaume Lom-
bard-Vénitien, avait peu à peu étendu son influence et fait
sentir le poids de sa domination sur la Péninsule presque
tout entière. Sous un prétexte ou sous un autre, ses soldats

avaient pris pied successivement dans tous les États secon-
daires, et, soit qu'ils eussent besoin du secours de l'étranger
pour se maintenir au milieu de populations dont ils
n'avaient pas su conquérir les sympathies, soit qu'ils n'eussent pas l'énergie nécessaire pour se soustraire à une protection gênante, les souverains des petits États avaient
accepté cette situation humiliante ; ils étaient devenus les
vassaux de l'Autriche, et se trouvaient par la force des
choses entraînés à la remorque de sa politique ; ils avaient
fait abnégation de leur indépendance, ils agissaient comme
lieutenants de l'Empereur plutôt que comme princes italiens, et se voyaient réduits, pour empêcher la manifes-
tation de l'esprit populaire, à l'emploi des mesures rigou-
reuses et du système de compression en usage dans les pays
soumis à la domination étrangère. Seul, le Piémont avait
su se préserver des empiétements de son puissant voisin,
et sa légitime ambition, qu'il ne dissimulait pas, était de
constituer sa propre indépendance sur des bases assez res-
pectables pour qu'il lui fût permis d'élever la voix en faveur des populations et de se faire le champion et le défen-
seur de leurs droits. Mais il avait beau apporter dans la
lutte toute l'énergie de ses rancunes patriotiques ; il avait
beau combattre pour une cause juste et être soutenu par les
vœux et les sympathies d'une grande partie des populations
italiennes, la disproportion de ses forces avec celles de ses
adversaires était trop grande pour qu'il pût espérer d'en
triompher jamais ; il devait succomber tôt ou tard en présence de la politique patiente, persévérante et toujours
envahissante de ses ennemis. Heureusement la France était
là ; la France à qui son intérêt aussi bien que les traditions
de sa politique et le génie de son peuple ordonnaient de
venir au secours du faible contre le fort, du petit royaume
en danger contre le puissant État qui menaçait de l'anéan-
tir. Laisser le Piémont exposé sans défense aux envahisse-

ments de l'Autriche, c'était nous résigner à voir notre en-
nemie traditionnelle se rapprocher plus forte que jamais
de nos frontières mal assurées, c'était en même temps ab-
diquer ce rôle dont notre pays a le droit d'être fier, cette
mission sacrée qu'il semble avoir reçue de la Providence,
de faire entendre sa voix partout où il y a des opprimés à
défendre, une noble cause à soutenir. Aussi, lorsqu'arriva
le moment d'une lutte prévue depuis si longtemps, lorsque
l'Autriche, fatalement poussée en avant, sourde au dernier appel qu'une parole éloquente lui adressait, en l'adju-
rant de faire volontairement et avant la guerre des concessions auxquelles une défaite la contraindrait bientôt, et qui
alors coûteraient davantage à son orgueil et deviendraient
plus funestes à ses intérêts, ce n'est pas seulement le Piémont qu'elle eut à combattre ; à côté de cette petite, mais
vaillante armée de Victor-Emmanuel, dont la guerre de
Crimée avait révélé la vigoureuse organisation, mais dont
l'infériorité numérique rendait la défaite facile et inévitable,
elle trouva l'armée française ; elle trouva l'Empereur Napoléon qui avait volé au secours de son allié avec une
promptitude sans exemple et une admirable énergie, pré-
sage de la victoire. Deux mois après, l'Autriche était re-
foulée au-delà du Mincio que nous passions à notre tour,
après une campagne dont la merveilleuse rapidité et les
succès non interrompus étonnaient le monde , enflam-
maient l'enthousiasme de nos soldats et jetaient l'épou-
vante et le découragement dans les rangs de nos ennemis.
C'est alors que l'Empereur, s'arrêtant au milieu de son
triomphe, offrit à celui qu'il avait vaincu la paix dont les
préliminaires furent signés à Villafranca.

L'Europe, éblouie du succès de nos armes, encore tout
émue de l'impression profonde qu'y avait causée la nouvelle des batailles de Magenta et de Solferino, partagée
entre des sentiments bien divers ; — quelques-uns emportés

par une admiration fanatique et rêvant dans leur enthousiasme une ère nouvelle de conquêtes et de splendeurs, les
autres atteints déjà de cette jalousie incurable qu'entraîne
après lui tout triomphe éclatant, et se demandant avec in-
quiétude où s'arrêterait une nation comme la France, ainsi
conduite, l'Europe apprit avec stupéfaction la conclusion
de la paix. On se demanda quels motifs si puissants avaient
pu amener l'Empereur à cette détermination ; on ne manqua pas d'attribuer sa résolution aux causes les plus invrai-
semblables et les plus inadmissibles ; il fallait bien amoin-
drir cette gloire importune : ne pouvant nier les victoires,
ni attaquer ce que l'on connaissait de la politique de la
France, il fallait satisfaire à l'esprit d'opposition et de déni-
grement en calomniant les intentions cachées, en donnant
aux actes les plus admirables de cette politique une inter-
prétation fâcheuse ; c'est parmi ceux qui avaient blâmé la
généreuse initiative de l'Empereur et son intervention en
Italie, que la paix trouvait encore des détracteurs. La vérité
est tout entière dans ces paroles que l'Empereur adressa
au corps diplomatique à son retour à Paris : — « L'Europe
« a été en général si injuste envers moi au début de la
« guerre que j'ai été heureux de pouvoir conclure la paix
« dès que l'honneur et les intérêts de la France ont été
« satisfaits, et de prouver qu'il ne pouvait entrer dans
« mes intentions de bouleverser l'Europe et de susciter une
« guerre générale. » C'est pour donner un démenti formel
et irrécusable aux défiances de l'Allemagne et des autres
puissances, c'est pour faire cesser les alarmes réelles parfois, mais plus souvent exagérées à dessein, qu'excitait le
prestige de notre gloire militaire, qu'il se résolut à cet acte
de haute modération dont l'histoire lui tiendra compte
d'autant plus que, pour l'accomplir, il devait renoncer à
une partie de ses projets, et comme plus tard il le recon-
naissait avec une noble franchise, laisser son programme

inachevé. C'était là un sacrifice devant lequel eût reculé sans doute un esprit dominé par un amour-propre vulgaire, et qui exigeait plus de véritable courage assurément qu'il n'en eût fallu pour continuer une campagne dont les débuts devaient donner tant de confiance en l'avenir; à Villafranca, l'Empereur Napoléon, se voyant maître de la situation, libre de continuer une guerre meurtrière ou d'y mettre fin, obéit à une pensée d'humanité. Il fut guidé sans doute aussi par un sentiment de chevaleresque confiance, qui lui faisait croire que l'Italie, dont il avait été le protecteur désintéressé, l'Autriche, envers laquelle il allait se montrer vainqueur généreux accepteraient sincèrement, loyalement, ses propositions et la combinaison grâce à laquelle si son vœu était rempli, devaient s'éteindre les restes de division et disparaître les derniers germes de discorde.

Et, en effet, si chacun avait apporté à l'exécution de ce traité la bonne foi qui en avait inspiré la pensée, si chacun avait agi avec le désir sincère d'eu faire ressortir les meilleurs résultats possibles, ce ne serait pas en vain assurément que nous aurions pris les armes en 1859 ; on ne serait pas forcé de se demander aujourd'hui où nous menèront les suites de cette guerre qui est peut-être à la veille de s'allumer de nouveau ; la nationalité italienne serait fondée. Car la Vénétie, quoique restant sous la suzeraineté de l'Autriche, aurait eu sa place dans le concert des États italiens confédérés ; elle aurait eu sa constitution libérale analogue à celle des autres parties de l'Italie, ce n'était pas l'indépendance complète, il est vrai ; ce n'était pas la réalisation de toutes les espérances que l'on avait pu concevoir ; mais c'était une amélioration immense dans le sort de ses populations ; c'était un bienfait inappréciable et inattaquable ; car, comment admettre qu'un État faisant partie de la Confédération italienne fondée par la France, inspirée de sa politique généreuse et conciliatrice, aurait

pu revenir au système rétrograde et aux rigueurs impoliti-
ques d'autrefois, lorsqu'il était obligé d'envoyer ses repré-
sentants à la Diète, de fournir son contingent à l'armée, de
participer à tous les actes résolus par la majorité des confédérés? Le prince que l'empereur François-Joseph allait
placer à la tête la Vénétie devait accepter les conséquences
du traité, il devait l'appliquer consciencieusement et en respecter toutes les clauses, sous peine de provoquer des
plaintes qu'il ne serait plus possible d'étouffer, et de compromettre sans retour, cette fois, ce que la modération de
la France n'avait laissé à l'Autriche qu'à la condition ex-
presse, acceptée par cette puissance, d'apporter son concours à l'œuvre de conciliation et de réparation qu'elle avait
entreprise.

Que l'on compare la situation faite aux Italiens par le
traité de Villafranca avec ce qui existait quelques mois au-
paravant, que l'on rapproche même cette situation des con-
clusions de la fameuse brochure qui avait produit en Europe une émotion si profonde (1), et qui, au moment où la
France les posait devant le tribunal de l'opinion européenne,
paraissaient répondre aux vœux légitimes de la population
italienne, et que l'on dise si la France, dont la généreuse
intervention, si l'Empereur, dont la protection magnanime
avait rendu possibles de pareils changements, n'avaient pas
le droit d'espérer que les Italiens se prêteraient loyalement
à l'exécution d'un plan adopté dans l'intérêt de leur bon-
heur et de leur indépendance, de même qu'ils devaient
pouvoir compter sur le respect de l'Autriche pour les engagements qu'elle avait pris et sur une fidélité dont son
propre intérêt nous était un sûr garant?

Malheureusement, cette confiance et cet espoir ne furent
pas de longue durée; quelques semaines à peine s'étaient

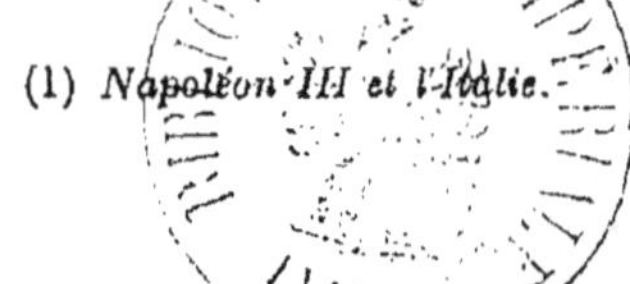

(1) *Napoléon III et l'Italie.*

écoulées, le traité de Zurich qui devait consacrer les principes admis à Villafranca n'était pas encore signé, que déjà le doute n'était plus permis sur l'abandon de certains points inscrits dans les préliminaires de la paix : la restauration des ducs était devenue impossible, et l'annexion de leurs États au Piémont était le premier pas dans cette voie où il devait marcher bientôt d'un pas si rapide et si résolu.

Est-ce à la France que l'on doit imputer ce qui se passa alors? non, et hâtons-nous de le dire; car il faut dégager notre pays d'une responsabilité qu'il ne saurait accepter. L'Empereur Napoléon, offrant à ses ennemis une paix généreuse, proclamant l'oubli du passé, prenant sincèrement à cœur l'œuvre de la réconciliation de ses alliés avec leurs adversaires, avait bien pu, par condescendance pour François-Joseph, consentir à la restauration des princes qui l'avaient combattu à Solférino. Ce n'était pas là la moindre concession qu'il eût faite au désir de la paix : ce n'était pas la moindre preuve qu'il eût donnée de sa modération, mais la générosité ne pouvait pas aller jusqu'à employer la force pour assurer cette restauration à laquelle il avait consenti, mais dont il n'avait pu songer à se faire le champion. Le principe de non-intervention, adopté dès la conclusion de la paix pour enlever tout prétexte aux rencontres d'influences hostiles et toute occasion à de nouveaux conflits, laissait les populations de la Toscane, de Parme et de Modène, maîtresses de leur sort; si les souverains que l'explosion de la guerre avait brusquement éloignés de leurs États avaient alors accepté sans défiance et sans arrière-pensée, la situation nouvelle que leur faisait la paix de Villafranca; s'ils avaient reparu le traité à la main, sincèrement décidés à donner leur concours à la pensée de la confédération, personne ne se serait opposé à leur retour. La France ne revient pas sur ses promesses. Mais ils ne surent pas saisir l'occasion qui leur était offerte ; ils se tinrent à l'écart, et, soit qu'en agissant ainsi ils cédasssent à une défiance injurieuse que rien ne justifiait et dont l'Empereur devait être blessé, soit qu'ils obéissent à un sentiment de crainte qui prouverait combien ils avaient conscience de la désaffection de leurs sujets, et combien cette désaffection était profonde et incurable ; ils laissaient passer le seul moment où la réconciliation eût été possible ; ils laissaient le champ libre aux manifestations hostiles ; ils favorisaient les progrès d'une idée contre laquelle leur présence eût protesté ; ils négligeaient de plaider leur cause, qui dès lors fut perdue sans retour.

Dans les Romagnes s'accomplissaient des événements analogues ; là aussi, depuis que la guerre avait éclaté et que l'Autriche avait retiré ses troupes, les populations étaient livrées à elles-mêmes. Il ne s'agissait donc plus de les maintenir sous la domination de leur souverain, il fallait les y faire rentrer. Par une lettre qui ne fut pas rendue publique alors, qui répond éloquemment aux accusations prodiguées depuis par les partis, et qui atteste à la fois le désir sincère dont l'Empereur était animé, de conserver au Pape l'intégrité de ses États, la volonté qu'il avait de le soutenir, si sa tâche ne lui était pas rendue impossible, et la haute sagesse qui lui faisait prévoir les conséquences fatales qu'entraînerait une résistance aveugle aux nécessités du moment, l'Empereur Napoléon conjurait le Saint-Père dans les termes les plus pressants et les plus respectueux, de donner satisfaction aux vœux hautement et universellement exprimés dans ses États, d'accorder les réformes administratives commandées par les circonstances et dont la promesse loyale et spontanée (1) aurait bientôt

(I) La lettre de l'Empereur était confidentielle et n'a été connue que long-temps après ; elle ne pouvait donc, en aucune façon, prendre le caractère d'une

ramené à l'obéissance des populations dont il était encore possible de reconquérir les sympathies.

Cet appel ne fut pas entendu ; il faut le regretter profondément, il faut le déplorer ; car, dès ce moment, le sort de l'Italie fut de nouveau livré aux hasards et aux incertitudes de l'avenir ; l'annexion des Romagnes, bien plus encore que celle des duchés, fut un coup irrémédiable porté à l'œuvre de Villafranca. Le Souverain-Pontife, auquel le projet des Empereurs donnait une si noble et si grande part dans les destins des peuples italiens, devenait l'adversaire de la pensée à l'accomplissement de laquelle son concours était indispensable ; les uns se regardaient comme déliés de leurs engagements par la double révolution qui venait de s'opérer ; les autres, enivrés par tant de succès inespérés, commençaient à entrevoir le rêve encore vague et incertain de l'unité italienne ; et, tout prêts à méconnaître l'importance et le prix des résultats obtenus, s'apprêtaient à s'élancer à travers les aventures à la poursuite d'un but que personne n'osait avouer encore. Tout était à refaire ; les tendances contraires allaient de nouveau se trouver en présence ; l'élément national et l'élément révolutionnaire, entre lesquels la brochure dont j'ai déjà parlé établissait une distinction si vraie, semblaient disposés à se rapprocher et à se confondre ; l'horizon était de nouveau assombri ; le danger de voir recommencer la lutte apparaissait à tous les yeux. C'est alors que l'Empereur dut réclamer Nice et la Savoie, non comme le prix de ses services, non comme une indemnité des sacrifices qu'il avait faits ; car si c'eût été à ce titre qu'il en revendiquait la possession, il n'aurait pas attendu si longtemps, il aurait demandé ces provinces à Villafranca

pression, et, en suivant les conseils qu'elle contenait, le Pape semblait agir de son propre mouvement et conservait aux yeux de ses sujets tout le mérite d'une initiative généreuse et spontanée.

en échange de la Lombardie. L'Empereur exigea cette augmentation du territoire parce que, en présence des nouveaux événements qui mettaient en question tous les résultats de sa campagne de 1859, en présence des obstacles que rencontrait la création de la Confédération projetée, la sécurité de la France exigeait une rectification de nos frontières. Il n'y avait là qu'une sage prévoyance, une précaution également justifiée par l'hypothèse du retour d'une guerre avec l'Autriche, et par celle de la création d'un royaume italien trop considérable et trop remuant pour qu'il fût prudent de lui livrer l'entrée de notre pays mal protégé du côté des Alpes.

Ces premiers changements causèrent un malaise général ; le retard apporté à l'exécution des projets de Villafranca, les événements ultérieurs qui la rendaient si difficile, avaient rejeté les esprits dans de grandes inquiétudes ; comme je le disais tout à l'heure, les tendances hostiles que l'on avait espéré concilier par la communauté des intérêts se trouvaient de nouveau en présence, et se montraient plus ardentes que jamais. D'un côté, le parti pris de se refuser aux réformes les plus indispensables, de l'autre l'insatiabilité et une disposition peu généreuse à abuser des avantages de la position, tel est le spectacle qu'offraient alors à une opinion consciencieuse et impartiale les partis opposés en Italie. On comprit bientôt qu'il ne serait pas possible de s'entendre dans de pareilles conditions ; et le congrès fut ajourné ; le statu quo fut maintenu.

Sur ces entrefaites éclata l'insurrection de la Sicile. Je n'ai pas à raconter ici cette audacieuse entreprise de Garibaldi, son débarquement, ses succès, la détresse à laquelle se trouva bientôt réduit le roi de Naples obligé de quitter sa capitale et de l'abandonner à la révolution triomphante. Ce qu'il nous importe de connaître et de juger, c'est la conduite de la France dans cette nouvelle phase de la question

italienne. Tant que la querelle resta entre François II et les
sujets révoltés à la voix de Garibaldi, son attitude fut celle
de la neutralité la plus absolue ; c'était la seule qui lui fût
permise. En agissant autrement, elle eût violé et fait tom-
ber ce principe de non-intervention grâce auquel, si on
ne pouvait pas arriver à une solution amiable de toutes les
difficultés, on voulait du moins prévenir un conflit euro-
péen. Et d'ailleurs qu'aurions-nous été faire à Naples ?
aider la révolution et renverser un trône ? Ce n'était là ni
notre rôle, ni notre intérêt. — Défendre François II ? —
Mais, peut-on oublier les représentations faites à la monar-
chie bourbonnienne, les conseils tant de fois renouvelés et
toujours repoussés ? La France, en supposant qu'elle fût libre
d'intervenir, ne pouvait pas soutenir un prince auquel elle
avait depuis longtemps montré l'abîme qu'il creusait devant
lui, et qui avait toujours méconnu la sagesse de ces conseils amicaux et désintéressés. Toutefois, elle ne manqua
pas de faire au roi de Piémont des représentations et des
remontrances sur la protection qu'il accordait à Garibaldi.
Elle fit entendre la voix de l'honneur et de la sagesse, et ne
dissimula pas sa désapprobation. Bientôt une occasion devait se présenter pour elle de faire connaître sa pensée et
de dessiner nettement sa politique.

L'agitation des provinces soustraites à la domination du
Pape s'était propagée, comme on devait s'y attendre, et
l'exemple des populations émancipées avait communiqué à
celles du reste des États pontificaux une ardeur nouvelle et
un immense désir de liberté. Pie IX, effrayé du mouvement des esprits, redoutant les effets de la propa-
gande révolutionnaire, craignant surtout l'irruption des
bandes de Garibaldi, qui menaçait d'accourir avec ses
volontaires pour mettre le feu aux poudres et entraîner à
la révolte un pays dans lequel les passions, compri-
mées à grand'peine, s'enflammeraient bien vite à sa voix,

organisa une armée, appela un général, et se prépara
à défendre, même par les armes, ses droits de souverain
temporel. De là surgit l'occasion ou, si l'on veut, le prétexte d'une agression à laquelle on ne pouvait s'attendre,
et dont la nouvelle causa partout un immense étonnement.
Le roi de Piémont, alléguant que l'armée pontificale s'était
recrutée en partie à l'étranger, prétendit exiger la dissolu-
tion de cette armée ; une pareille sommation ne pouvait
être écoutée ; sur le refus du Saint-Père, les troupes pié-
montaises entrèrent dans les États - Romains. Aussitôt,
l'Empereur rappela son ambassadeur et rompit avec son
ancien allié toutes relations diplomatiques. Aux remontrances amicales et secrètes succédait le blâme formel et public.
La même désapprobation fut exprimée hautement lorsque
Victor-Emmanuel alla, sans déclaration de guerre, donner
la main à Garibaldi pour achever la conquête du royaume
de Naples. Le refus de reconnaître le blocus de Gaëte, la
protection dont la flotte française couvrait et couvre encore
ce dernier boulevard du roi François II, confirmèrent d'une
manière éclatante le blâme infligé par l'Empereur Napoléon à la conduite du roi de Piémont. Quelle que soit l'o-
pinion sur la durée que doit avoir cette protection, quand
même l'Empereur, jugeant aujourd'hui qu'il est inutile de
prolonger une résistance à laquelle il ne reste plus désor-
mais aucune chance de succès, ferait rentrer sa flotte, afin
de ne pas favoriser la continuation d'une lutte dont l'issue
n'est plus douteuse, la protection qu'il a accordée au roi
de Naples n'en aurait pas moins été évidente et réelle ;
elle n'en resterait pas moins le témoignage de son mé-
contentement contre Victor - Emmanuel , et la preuve
qu'il ne marchait pas avec lui dans cette question. Car,
il ne faut pas s'y tromper, et l'Europe l'a bien com-
pris; si l'insurrection des Abruzzes, si les mécontentements
de la Sicile avaient eu des racines profondes dans le pays;

s'il avait été vrai, comme l'affirmaient les organes de certains partis, que la population napolitaine fût attachée à la dynastie des Bourbons ; s'il avait été vrai, que son suffrage fût le résultat d'une surprise et non l'expression véritable de ses sentiments, le répit que laissait au roi de Naples la possibilité de se défendre à Gaëte, l'incertitude qui pouvait exister sur le succès de cette résistance, les embarras qu'elle causait à Victor-Emmanuel, auraient donné à la réaction le temps de se produire, et l'énergie de montrer sa force. Les partisans de François II auraient pu se lever et arborer son drapeau, s'ils avaient été aussi nombreux et aussi dévoués que les illusions de quelques-uns cherchaient à les représenter.

Par cet exposé, auquel j'ai été obligé, malgré moi, de donner quelque développement, j'ai voulu expliquer, et je tente de faire partager à ceux qui me liront une opinion qui est le résultat d'une conviction profonde. Plus je considère la succession et l'enchaînement des faits depuis le moment où la question d'Italie a été soulevée pour la première fois jusqu'au jour où nous sommes arrivés, plus je me sens confirmé dans cette pensée que la politique française a été constamment droite, loyale, fidèle à elle-même et irréprochable à l'égard des autres ; que, si elle a présenté à certaines époques des côtés difficiles à expliquer, et des contradictions apparentes, habilement exploitées par ses adversaires, cela tient aux événements qu'elle a traversés, qu'elle a dû subir, et non à la volonté qui la dirigeait. Ne voilons pas notre pensée. Je sais que cette opinion n'est pas celle du plus grand nombre ; je sais que, parmi les ennemis, — on doit s'y attendre, — que parmi ceux-là même qui se réjouissent des événements actuels, et qui approuvent la politique de l'Empereur, sans peut-être bien la comprendre, il se trouve des hommes qui veulent à tout prix reconnaître partout et toujours une main habile con-

duisant toutes choses à son gré ; à cette intelligence occulte
ils prêtent la prescience des devins, le don des miracles et
un pouvoir absolu sur la destinée. Aussi devient-elle responsable à leurs yeux de tout ce qui arrive. Tout a été
prévu, prémédité ; tout a été conduit par cette volonté suprême pour laquelle il n'existe pas d'impossibilités, et qui
triomphe de tous les obstacles. Il s'en trouve d'autres qui,
parce que les prévisions les plus honnêtes et les plus vrai-
semblables ont été trompées, parce que des événements in-
attendus sont venus modifier la conduite et l'attitude que
l'on avait adoptée d'abord, accusent cette même volonté
d'impuissance et de versatilité, lui reprochent de marcher
à tâtons, sans dessein arrêté, tantôt vers un but et tantôt
vers un autre.

Que ceux qui sont de bonne foi dans leur erreur, les
autres ne sauraient être convertis, ils ne le veulent
pas et repousseraient la lumière si elle se faisait pour eux ;
que ceux qui n'ont d'autre tort que de juger légèrement et
sans réflexion, passent en revue, comme je viens de le
faire, les événements accomplis depuis deux ans, et ils en
viendront sans doute à penser comme moi que l'Empereur
a marché sans dévier vers le but qu'il avait indiqué dès l'o-
rigine du débat. — Arrêter les envahissements de l'Autriche et rendre le retour de ses tentatives d'oppression impossible pour l'avenir ; — améliorer le sort d'un peuple
courbé sous un régime odieux et despotique ; — fonder la
nationalité italienne et la faire respecter de tous, tel était le
but de l'Empereur avant la déclaration de guerre. Ce but,
il crut l'avoir atteint à Villafranca. C'est loyalement et avec
confiance dans l'avenir de son idée qu'il proposa la Confédération ; c'est malgré lui que le traité de Zurich devint
inexécutable ; c'est à l'encontre de ses désirs et de ses conseils qu'eut lieu l'invasion des États de l'Église, et qu'un
souverain alla porter la révolution dans un pays voisin ;

et ces obstacles qui s'opposèrent à la réalisation de son plan, ces événements qui s'accomplirent contrairement à sa volonté, il ne pouvait ni les prévoir ni les arrêter. La force des choses, la fatalité, si l'on veut, la défiance des uns, la mauvaise foi des autres ont amené des résultats qu'il n'avait ni préparés ni souhaités.

Voilà pourquoi je m'écrie : Non ; l'Empereur n'est pas responsable de la situation actuelle ; ce qu'il voulait, le programme à la réalisation duquel on a pu croire un instant, était acceptable pour tous, et pouvait fonder un avenir de paix et de prospérité ; aujourd'hui encore, plus que jamais peut-être, l'Empereur a le droit de faire entendre sa voix ; à tous ceux qui regrettent le passé ou redoutent l'avenir, il peut adresser ce reproche, cet appel à leurs consciences et à leurs souvenirs : — « Vous avez refusé de me croire : Qu'avez-vous recueilli de vos défiances ? — » Au Pape, il peut dire : « Si vous aviez accordé à mes instances des « réformes dont votre pouvoir n'eût pas été diminué, dont « votre dignité de souverain n'eût souffert en aucune façon, « nul n'aurait osé vous attaquer ; car, à ce prix, je m'enga- « geais à vous couvrir de ma protection constante et abso- « lue. — Vous ne l'avez pas voulu. — » Au roi de Naples, il peut rappeler l'insistance amicale des représentations qu'il lui avait faites avant l'heure du danger. — A l'Autriche épuisée, menacée de toutes parts, il peut dire encore : « Je « ne veux pas votre ruine ; si je l'avais souhaitée , il y a un « an, j'aurais poursuivi la guerre. Ecoutez-moi ; il en est « temps encore. » — Auprès de Victor-Emmanuel, il peut rappeler les services rendus ; il peut faire appel à la reconnaissance. Il peut au besoin faire entrevoir ce que nous pouvons encore pour l'Italie et ce qu'elle risquerait en perdant notre amitié. A l'Europe tout entière enfin, il peut faire un appel pressant et suprême : il peut dire aux autres souverains : « Vous redoutez la guerre : il est sans doute

« encore un moyen de l'éviter ; venez à moi : cherchons
« ensemble une solution que les uns et les autres puissent
« accepter avec confiance et dignité ; une solution qui, en
« tenant compte, dans une certaine mesure , des faits
« accomplis, ne jette pas dans des résolutions désespérées
« ceux que la fortune a trahis. Unissons-nous pour faire
« sentir aux uns le danger d'une attaque téméraire ; aux
« autres, celui d'une opiniâtreté aveugle. Peut-être surgira-
« t-il une combinaison qui permette à l'Autriche d'accepter
« ce qu'elle repousse aujourd'hui et de prévenir ainsi la
« lutte que nous voulons empêcher. Si la conciliation est
« impossible, si notre tentative doit échouer devant un
« parti pris et une résolution inébranlable , du moins
« aurons-nous pu juger de quel côté est la bonne foi ; du
« moins saurons-nous qui s'oppose à la paix que nous dési-
« rons tous ; qui a droit à nos sympathies et à notre pro-
« tection. »

Toutes les puissances neutres, — il est impossible de le
révoquer en doute, — s'empresseraient de répondre à cet
appel. Qui sait ? me dit-on. — Qui sait ? — Mais je cherche
d'où pourrait venir l'opposition. La Russie et la Prusse ont
observé jusqu'à présent une stricte neutralité ; elles ont
donné des gages de leur désir de conciliation ; d'ailleurs,
la Russie a ses préoccupations autres que l'Italie ; elle ne
peut manquer d'accueillir les occasions de se rapprocher
de la politique française. La Prusse, combattue entre des
intérêts opposés, solidaire en quelque sorte de l'Autriche
comme puissance allemande, d'un autre côté, attachée à
l'Angleterre par une alliance que, dans ces dernières années, la diplomatie des deux pays a cherché à resserrer en
mille circonstances, — la Russie et la Prusse se prêteraient
nécessairement à la recherche d'une combinaison encore in-
connue, qu'un Congrès seul pourrait faire surgir, et surtout

faire accepter. Serait-ce donc de l'Angleterre que viendrait le refus ? Mais alors, au nom de l'Europe dont elle entraverait les vœux unanimes, au nom de l'Italie surtout que son attitude encouragerait à marcher en avant, n'aurait-on pas le droit de lui demander ce qu'elle compte faire ? N'aurait-on pas le droit de lui dire : « Vous poussez les Italiens dans une voie qui les expose à une lutte formidable ; les y suivrez-vous ? Supposez qu'ils soient seuls ; combattrez-vous à côté d'eux pour cette cause que votre presse et votre politique défendent si chaleureusement aujourd'hui ? Mettrez-vous les ressources et l'armée de votre pays au service de cette idée de l'Unité italienne, que vous avez encouragée, que vous avez fait naître ? car sans vous, elle serait restée un rêve, une utopie, et, ne croyant pas à la possibilité de sa réalisation, ceux-mêmes qui l'avaient conçue vaguement y auraient renoncé. « Pour répondre à ces questions, pour résoudre ces doutes, est-il besoin que la nation anglaise parle ? Non. Interrogeons le passé ; par ce qu'a fait l'Angleterre, on peut juger ce qu'elle est prête à faire encore. Ses sympathies pour l'Italie ne sont pas nouvelles ; elle les avait manifestées même avant 1848, et jusqu'en 1859, sa politique avait constamment soutenu les aspirations nationales et combattu les empiétements de l'Autriche. Mais, lorsque la question fut posée nettement par la France, lorsque la guerre s'alluma, l'Angleterre attendit ! Et pourtant la cause italienne était la sienne ; et pourtant la France, son alliée intime, marchait résolûment, sans compter ce qu'elle devait trouver d'adversaires. — L'Angleterre attendit alors, et l'on pourrait supposer qu'aujourd'hui, pour la même cause, sans un intérêt plus direct et plus personnel, elle prendrait seule le rôle qu'il lui était si facile, il y a deux ans, de partager avec la France.

Non, l'Angleterre n'est pas disposée à faire la guerre pour l'Italie ; elle ne peut donc refuser d'appeler la lumière et de concourir à l'œuvre de paix, si cette œuvre est possible.

L'Autriche, bien qu'elle semble résolue en ce moment à repousser, même sans examen, la proposition de vendre la Vénétie, n'a prouvé en aucune façon qu'elle fût éloignée de tout esprit de conciliation ; si elle se refuse à une transaction par laquelle elle se croirait déshonorée, si elle obéit à un point d'honneur peut-être exagéré mais respectable à coup sûr, rien ne dit qu'elle ne soit pas disposée à prêter l'oreille à un arrangement compatible avec sa dignité. Elle ne veut pas vendre la Vénétie ; mais rien n'autorise à affirmer qu'elle ne saurait se résigner à s'en dessaisir en échange de quelque compensation territoriale, s'il en existe de possible, ou comme prix de concessions et d'arrangements qui lui donneraient satisfaction d'un autre côté. Peut-être, par exemple, ne repousserait-elle pas absolument la pensée d'abandonner la Vénétie, dans le cas où cette province devrait être donnée à l'un des princes Italiens, protégés par elle et que les derniers événements ont dépossédés. Sans doute, elle se prépare à la défense, et son armée est entretenue sur un pied formidable ; mais, il faut le reconnaître, rien dans son attitude ne ressemble à la provocation ; rien ne trahit chez elle l'intention d'attaquer, ni même le désir d'être attaquée pour trouver là l'occasion de se mesurer avec ses ennemis. — Quant à l'Italie, elle doit trop à la France, elle a trop besoin encore de la tutelle de l'Europe, elle comprend trop bien que, seule, elle serait exposée à perdre le fruit de ses victoires et les conquêtes de ces dernières années, pour que l'on ne soit pas certain de la voir accéder au désir exprimé par les puissances, qui ne lui demanderaient en aucun cas de marcher en arrière.

Que si un Congrès se réunissait et que ses efforts dussent échouer, la politique de l'Empereur serait toute tracée : il la baserait sur le degré de loyauté et de bonne foi qu'il aurait rencontré chez les uns et chez les autres. Si, malgré toutes les tentatives de la diplomatie, la guerre éclatait par suite de l'obstination de l'Autriche à repousser tout arrangement, même digne et honorable, nous n'aurions qu'à retourenr au Mincio, pour achever l'œuvre commencée, et l'opinion du reste de l'Europe, témoin de nos efforts pour éviter cette extrémité, serait avec nous ; si au contraire l'Italie rendait impossible tout espoir de conciliation, et voulait, bravant nos conseils, provoquer une lutte qu'elle eût pu éviter sans sacrifier aucun de ses intérêts, la France ne saurait accepter la solidarité d'une conduite qu'elle blâmerait et qu'elle eût vainement essayé de modifier ; l'Italie, en s'affranchissant de toute reconnaissance, en repoussant nos conseils et la médiation de l'Europe, ne devrait plus compter que sur elle-même : elle combattrait avec ses propres forces. Toutefois il est un point sur lequel la France ne saurait transiger. A aucun prix elle ne pourrait admettre l'hypothèse d'un retour de l'Autriche en Lombardie ; à aucun prix elle ne voudrait s'exposer au reproche d'avoir fait en pure perte la guerre de 1859 : sa neutralité ne pourrait donc avoir lieu qu'à la condition d'un engagement formel pris par l'Autriche de ne pas aller au delà des bases de Villafranca, quelle que fût l'issue de la lutte ; et, je ne crains pas de l'affirmer, l'Autriche n'hésiterait pas à accepter cette condition, parce qu'elle sait de quel poids dans la balance serait l'action de la France ou son abstention.

FIN.